Nos Gusta Vivir Verde
We Like To Live Green

Nos Gusta Vivir Verde
We Like to Live Green

MARY YOUNG

Diseño por
Zachary Parker

LAS SERIES DE LA SALUD DEL MUNDO / WORLD HEALTH SERIES

HOHM PRESS
Prescott, Arizona

Dedicado a la Madre Tierra y a los niños de todo el mundo. For our Mother Earth and children everywhere.

Diseño de portada e interior / Cover design, interior layout and design: Zac Parker, Kadak Graphics, Prescott, AZ.
Traducido al español por Jocelyn del Río.

Library of Congress Cataloging-in-Publication Data

Young, Mary.
Nos gusta vivir verde= We like to live green / Mary Young, diseno por Zachary Parker. -- Bilingual ed.
    p. cm.
ISBN 978-1-935387-01-5 (pbk. : alk. paper)
1. Human ecology--Juvenile literature. 2. Environmentalism--Juvenile literature. I. Parker, Zac. II. Title. III. Title: We like to live green.
GF48.Y68 2009
333.72--dc22
                        2009019691

HOHM PRESS
P.O. Box 2501
Prescott, AZ 86302
800-381-2700
http://www.hohmpress.com

Este libro fue impreso en China. / This book was printed in China.

PRÓLOGO

A los educadores de todo el mundo les preocupa promover el desarrollo de la conciencia acerca de los temas ecológicos. Este pequeño libro – amigo de la tierra – es una introducción básica a estos temas. Se presenta de manera atractiva tanto para los niños como para los adultos. Con fotomontajes coloridos y alegres les ofrece una forma de efectuar cambios en el mundo, tan amenazado hoy día por la contaminación y el desequilibrio ecológico. Inspira a disfrutar del amor y de la apreciación hacia la Tierra, nuestro hogar.

PREFACE

Educators everywhere are concerned with helping to develop awareness of ecological concerns. This little Earth-friendly book provides a basic introduction to vital environmental themes offered in ways that are appealing to both young children and adults. Presented in colorful, lively photo montages, it introduces ways to make a difference in a world threatened by pollution and ecological imbalance and inspires the joy of loving and appreciating the Earth, our home.

El Sol da calor
y luz a la Tierra
para que todo ser
vivo pueda crecer.

The Sun gives heat and light to the Earth so living things can grow.

Queremos mantener la Tierra viva y verde.

Nos gusta respirar aire limpio, beber agua clara y comer alimentos limpios y saludables.

We want to keep our Earth green and alive.

We like to breathe clean air, drink clear water and eat clean healthy food.

Cuando la Tierra
está sana, nosotros
también lo estamos.

Nos gusta vivir
en armonía con
la Tierra.

When the Earth is healthy, so are we.

We like to live in harmony with the Earth.

Nos gusta el agua azul y limpia de nuestros ríos, lagos y mares.

We like the clear blue waters of our oceans, lakes and streams.

Todo ser vivo necesita agua pura.

Every living creature needs pure water.

Nos gusta sembrar flores para que vengan las abejas. Nos gusta comer los alimentos frescos y orgánicos que crecen cerca de nuestro hogar.

We like to plant flowers to invite the bees to come. We like to eat fresh, organic food grown close to home.

Nos gusta trabajar en el jardín. Usamos pedacitos de verduras y plantas para hacer abono y con esto enriquecemos la tierra.

We like to garden. We use scraps of vegetables and plants to make compost that enriches the soil.

Nos gusta reciclar y reutilizar las cosas.
Regresamos el vidrio, el papel,
las latas y el plástico.

We like to recycle and reuse. We return glass,
paper, cans and plastic.

Vamos al supermercado con nuestras bolsas de tela para no utilizar las de plástico.

We bring our own cloth bags to the grocery store instead of using plastic.

Nos gusta caminar y andar en bicicleta.
We like to walk and ride our bikes.

Nos gusta compartir rondas con nuestros amigos.
We like to share rides with friends.

*Nos gusta conservar
el agua y la electricidad.*

*We like to conserve
water and electricity.*

Apagamos las luces y cerramos cualquier llave que gotea.

We turn off lights – we turn off dripping faucets.

Nos gusta
plantar árboles.

We like to
plant trees.

Los árboles producen el oxígeno que respiramos.

Trees make the oxygen we breathe.

Nos gusta cuidar la Tierra.

We like to take care of the Earth.

Nos gustan los colores del amanecer,
los bosques profundos y verdes,
el cantar de las aves y la luna llena.

We like the colors of dawn, deep green forests, the songs of birds, the moon when it's full.

Toda la vida se conecta.

All life is connected.

Nos gusta mantener verde la Tierra. Amamos la Tierra.

We like to keep the Earth green. We love our Earth.

OTROS TÍTULOS DE INTERÉS DE LA EDITORIAL HOHM
OTHER TITLES OF INTEREST FROM HOHM PRESS

También a Nosotros Nos Gusta Amamantar
We Like To Nurse Too
by Mary Young
Design by Zachary Parker

Bi-Lingual ISBN: 978-1-890772-99-4
papel, 32 páginas, $9,95

English ISBN: 978-1-890772-98-7
paper, 32 pages, $9.95

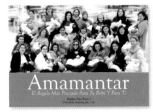

Amamantar
Breastfeeding
**by Regina Sara Ryan
and Deborah Auletta, RN, IBCLC**

Español ISBN: 978-1-890772-57-4
papel, 32 páginas, $9,95

English ISBN: 978-1-890772-48-2
paper, 32 pages, $9.95

Nos Gusta Ayudar a Cocinar
We Like To Help Cook
by Marcus Allsop

Bi-Lingual ISBN: 978-1-890772-97-0
papel, 32 páginas, $9,95

English ISBN: 978-1-890772-70-3
paper, 32 pages, $9.95

Spanish ISBN: 978-1-890772-75-8
paper, 32 pages, $9.95

Nos Gusta Tocar Música
We Like To Play Music
by Kate Parker

Bi-Lingual ISBN: 978-1-890772-90-1
papel, 32 páginas, $9,95

English ISBN: 978-1-890772-85-7
paper, 32 pages, $9.95

PEDIDOS / ORDERS: *800-381-2700* • *www.hohmpress.com*
Descuentos especiales por mayoreo. / Special discounts for bulk orders.